# 여행 시詩선

본도서는 한국문화예술진흥원의 우수 도서 선정으로 제작비의
일부를 지원 받아 제작되었습니다.

**여행 시詩선**

**초판인쇄** | 2024년 11월 20일
**저자** | 손민준
**펴낸이** | 김영태
**펴낸 곳** | 도서출판 한비CO
**출판등록** | 2006년 12월 24일 제 25100-2006-1호
**주소** | 41967 대구시 중구 관덕정길13-13 미래빌딩 3층 301호
**전화** | 053)252-0155
**팩스** | 053)252-0156
**홈페이지** | http://hanbimh.co.kr
**이메일** | kyt4038@hanmail.net
**후원** | 한국문학예술진흥원

**ISBN** 9791164871513   04810
**ISBN** 9788993214147(세트)

**값**  18,000원

*잘못된 책은 교환해 드립니다.
*저자와의 협의로 인지는 생략합니다.

# 여행 시詩선

손민준

《여행 시詩선》 자선 리뷰

# 여행에서 문학을 찾는 디카시詩

손민준

　디카시詩집 《여행 시詩선》은 전국의 산·강·바다·햇살·구름·갯벌·사람과 바람을 찾아다닌 여행의 발품이다. 시작도 끝도 없이 찾아오는 바람에 산과 바다가 씻기고 하늘을 능가하는 능소화가 하늘 멀리 외친다. "바람은 인생 같은 것….' 아무런 형체도 없이 불쑥 찾아왔다가 미련 없이 떠나는 바람을 쫓아 여행한 일상의 문학이 디카시다.
　디카시詩란 [디지털카메라+시詩] 합성어로 창작자가 디지털카메라로 우주에 존재하는 온갖 사물의 현상을 포착하여 5행 이내의 시적 문장으로 표현한 것이다. 디카시의 정체성은 상상력과 달리 순간 포착·순간 언술·순간의 소통이다. 또한 5행 이내의 짧은 문장으로 이뤄져야 한다는 강한 규정이 있다. 디카시는 가능하면 만물이나 자연이 주는 강렬한 영감이기에 3행 또는 1행으로도 완성이 되기도 한다. 5행 이내의 짧은 문장을 요구하는 이유는 언술의 길이가 5행을 넘으면 그 현장의 서정적 감흥을 다시 기억해 내기 어렵기 때문이다. 그런 이유로 디카시의 문자는 최소한의 언술만으로도 족하다. 누구나 갖고 있는 디지털카메라를 들고 길을 걷다 만나는 새로운 세상의 이야기가 사진으로 대화가 되고 이해가 되는 것이 디카시의 매력이다.

 디카시의 작품 속 사진·장소·날짜는 끌림이자 설렘이다. 뜻하지 않은 낯선 풍경에 설렘을 느끼는 여행은 묻고 푿는 순간에 있다. 자연에 '묻다'와 자연을 '품다'는 둘 다 침묵의 언어이자 마음의 감흥이다. '묻고, 품어' 사진을 찍는다는 동사의 의미는 언뜻 닮아 보이지만 정서적으로는 꽤나 다른 역할을 한다. 인간과 사물의 만남이란 자연에 묻고 품어 탐색과 교감의 대화체로 이루어진다.

 여행 시詩선의 작품들은 지난 시간에 대한 기록이자 증거를 뛰어넘은 사물의 희로애락이다. 시선이란 변모하는 시간조차 붙잡아 두고 싶은 시점이자 언젠가 모두 변해 사라져 버릴지도 모를 안타까운 눈의 방향이다. 사진은 너무 빠르게 흐르는 찰나를 기억하기 위해 수없이 많은 헛걸음을 하고 기다린 끝에 원하는 걸 얻은 영상들이다.

 자연과 인간은 거대한 질서 속에 공존한다 자연의 진정한 멋은 구속에 있지 않고 자유로움에 있다. 사진을 찍는 순간 사물은 가장 기쁜 미소로 때로는 가장 아름다운 면이나 본질적인 모습을 드러낸다. 숨 쉬는 자연과 동물 그리고 곤충을 찍을 때는 감흥이 오르도록 천천히 오랫동안 세심히 살펴

야 하고 시선을 회피하지 말아야 한다. 때로는 피사체도 여리고 못난 부족함을 보인다. 하지만 나는 여리고 못난 부족함에 마음이 더 간다. 그 부족함은 더 마음 아파하고 더 고민하면서 오장 육부를 통과한 내적 갈등의 존엄성이다.

지금은 하루하루의 반복이 싫을 수 있지만 하루에 반복되는 것은 그저 해가 뜨는 위치와 시계 속 숫자뿐이다. 그것 말고는 매일 완전히 새로운 하루다. 또 새로운 하루가 끊임없이 주어진다는 건 기적 같은 삶이자 더할 나위 없는 감사함이다. 여행에서 이루어지는 삼라만상 방언의 해독은 따분한 일상에서 지금까지 보지 못한 새로운 무형의 가치 발견이다. 여행 시詩선은 필자에게 늘 보던 풍경이 아닌 단조로운 삶에 생기를 불어넣는 율동성의 결과물이다.

나는 최근 공모전에 응모하여 몇 차례 상을 받은 적이 있다. 비록 돋보이는 상은 아니지만 입상하게 된 것이 고맙고 디카시 창작에 매진하는 의욕에 충만하다. 자연과 사람의 연애는 두 우주가 만나서 완전히 새롭게 만드는 또 다른 디카시의 완성이다. 여행은 생태계 같은 변칙이 존재하지만, 그럼에도 여행 시詩선은 나의 삶에 마음의 위안이며 에너지의 원천이다.

# 목차

## 1부

몽돌_14
일출_15
아궁이_16
고환_17
별님_18
빨 주 노 초 파 남 보_19
석양을 뿌리며_20
도보 순례_21
기울어짐에 대하여_22
일광욕_23
위로받는 날_24
인연_25
무지개_26
갈대의 순정_27
남은 날들을 위하여_28
어느 날 오후_29
봄_30
고사목_31
울지마_32
염전_33
붉은 가슴_34
할미꽃_35
미래_36
꽃비_37
사랑하며 강해지네_38

## 2부

이음_40
곡_41
길의 시간_42
별 한 톨_43
별이 전하는 말_44
좋은 사람_45
피었다 져도 꽃이랍니다_46
제주 표선에서_47
노을에 관한 명상_48
숨 쉬는 방법_49
액자 속 연인_50
비움_51
구두_52
여름의 절정_53
파도와 소녀_54
탑의 형식_55
너로 가득한 날_56
꽃의 말씀_57
갯벌을 바라보며_58
중심_59
주거침입_60
네가 있던 자리_61
고래사냥_62
1966_63
여름 일기_64

# 3부

소중한 한 표_66
쉰이 넘으면_67
허공을 메꾸는 계획_68
통_69
동행_70
창 너머 집_71
우체통 옆에서_72
썰물이 물러날 때마다_73
홀씨_74
심장_75
북두칠성_76
오늘이라는 좋은 날에_77
넋_78
침투_79
그대 아름다운 날에_80
돌 안의 낙타_81
파랑 하늘_82
꽃의 문서_83
암각화_84
연인_85
하늘에서는_86
고행_87
향적봉의 아침_88
그대 아시는지_89
계곡에서 너를 보았어_90

# 4부

귀_92
따라비 오름에 가면_93
물속의 섬_94
나비와 꽃 사이_95
탯줄_96
내 삶의 주름_97
향기_98
천사_99
봄의 비밀_100
낮술_101
물에 길을 묻다_102
달의 몰락_103
바다에 물드는 날_104
빈집_105
너에게 가려고_106
오이별_107
물 윗길_108
그는 어디 가고 없다_109
숨비소리_110
뿌리_111
축복_112
친구_113
꽃바구니_114
설야_115
고석정_116

# 5부

UFO_118
알뿌리 터지다_119
산다는 건_120
휴거_121
도전_122
경쟁 상대_123
1일_124
그리운 당신_125
꽃길_126
약속_127
꽃떡_128
시월의 고양이_129
징과 곰방대_130
세시의 데이트_131
달 하나 물은 주미_132
물 한 모금_133
나는 이제부터_134
망둥이_135
꽃피는 날_136
해우소_137
핏물_138
꿈_139
눈물 속에 피는 꽃_140
틈의 미학_141
좋은 날_142
*시인의 말_143

1부
## 세상을 보는 눈

내가 별님에게 말해 줄게
넌 소중한 사람이라고
그러니 괜찮다고, 다 잘될 거라고

## 몽돌

세상을 보는 눈
바람도 물도 새기며
좋고 나쁜 것도 없이
활짝 핀 웃음

* 2022년 8월 2일 [제주도 서귀포시 쇠소깍로 104, 쇠소깍 해변]
* 2023 제2회 금암문학상 디카시 공모전 우수상

## 일출

두 손 사이로
일출을 보다
태양을 들어 올리니
그림자를 핥으며
노을이 진다

---

* 2019년 8월 6일 [제주시 조천읍, 함덕 바다]

# 아궁이

불꽃의 천장은 낮다
엄마가 밥 짓던 아궁이의 불빛
멀리서 아른거리는
엄마의 그림자

* 2022년 9월 2일 [강원도 양양군, 양양오토캠핑장]

# 고환

어허, 이보시게
늙은이라고 우습게 보지 말게나
이래도 정자로 가득 찬
튼실한 고환이라네

---

* 2023년 11월 29일 [제주 서귀포시 표선면. 민속촌]

## 별님

낮은 지붕 위로
별님이 쏟아지는 밤
내가 별님에게 말해 줄게
넌 소중한 사람이라고
그러니 괜찮다고, 다 잘될 거라고

* 2023년 7월 17일 [몽골, 고비사막]

# 빨·주·노·초·파·남·보

환갑을 맞이한
친구들의 재롱을 보면서
빨·주·노·초·파·남·보처럼
심장이 뛰고 있다는 것이
얼마나 감사한 한 일인가

* 2024년 5월 18일 [남양주시 조안면 송촌리, 한음골]

## 석양을 뿌리며

적도의 그 많은 파도를 타고
수평선 끝에
별보다 달보다 먼저
마중 나온 석양

* 2022년 9월 10일 [전북특별자치도 부안군 변산면, 채석강]

## 도보 순례

도처到處에 손수레를 끌며
등한시했던 삶의 변두리를 찾아
두 발, 두 손에 머리 숙이는
야윈 어깨가 희고도 푸르다

---

* 2022년 7월 20일 [남양주시 진접읍 금곡리 823-1]

## 기울어 짐에 대하여

시퍼렇게 그늘지는 나무
그 눈물 다 모르는 척
무심히 흘러가는 물에 기대어
낮은 곳으로
마음을 넓히는 숨결

---

\* 2023년 9월 8일 [남양주시 조안면, 물의정원]

## 일광욕

붉게 익어가는
햇살과 바람 앞에서
부끄러움도 없이 고추 나놓고
일광욕 즐기는 알몸

---

* 2021년 10월 20일 [여주시 연양동 304-2]

## 위로받는 날

꽃 몽우리 아녔던 꽃이 없고
꺾이지 않는 줄기는 없단다

어떤 꽃이 맨날 활짝 피기만 하겠니
아프지만 않으면 된다

---

* 2022년 7월 23일 [남양주시 진접읍, 봉선사]

# 인연

날갯짓이 투명한 잠자리가
날 보고 웅얼거린다
'너와 스치는 인연에 눈물이 나'

---
* 2023년 11월 4일 [강원도 철원군, 한탄강]

## 무지개

바다가 기침하더니
무지개가 떴다
물속에서 무엇이 터졌기에
저리 고운 빛깔이 나오는 걸까?

---

\* 2021년 9월 21일 [경북 울진군, 용정해수욕장]

## 갈대의 순정

달이 시야에서 사라져도
갈대는 손을 놓지 않는다
가을은 이별이 마무리될 때까지
온통 떠나가는 것들뿐이라서

---

* 2023년 10월 21일 [남양주시 조안면, 다산 정약용 생태공원]

# 남은 날들을 위하여

지워진 수평선 아래
짜디짠 바람이 흥건한
매바위 등뼈가 쓰리지만
누구에게나 부끄럽지 않은
삶을 살고 싶다

* 2022년 9월 9일 [경기도 화성시, 제부도]

## 어느 날 오후

가장 낮은 무대에서
모래 깊이 쌓이는 음률이
귀더거리 등대를 치료한다

---

* 2022년 9월 3일 [강원도 양양군, 낙산해변]

# 봄

봄을 두드리면 신명이나
몽글몽글한 노랑 파랑 빨강
마음속 꽃 피어나는
세상이 나는 좋다네

얼쑤! 봄아 한판 놀아보세

---

* 2024년 3월 30일 [경기 남양주시 다산 중앙로, 다산 중앙공원]

## 고사목

빛을 등지고 숲을 헤치겨
허공에 선 채 몸은 흔들려도
가장 먼저 어깨를 내어주는
고사목

---
* 2022년 8월 1일 [포천시 소흘읍. 국립 수목원]

# 울지마

너는 왜 엎드려 울고 있니
어쩌다 너의 삶은 이토록
아무것도 아니란 말이냐
따뜻함으로 기억되는 너, 이기를

---
* 2019년 6월 10일 [파리루브르박물관]

# 염전

구름과 햇살이 누웠던 염전마다
염부가 뱉어 놓은 하얀 통증
소금은 바람으로 음각되어
별빛 어조에 윽신거린다

---

* 2022년 9월 11일 [전남 부안군, 곰소염전]

# 붉은 가슴

그 고운 꽃향기 맡으며 좋은 꿈 꿔
혼자 외로울까 봐
붉은 가슴에 안겨
아들처럼 잠들다 간다

---
* 2024년 6월 10일 [서울 중랑구, 장미공원]

# 할미꽃

꽃나무가 무거워
허리를 펴지 못해 더딘 노파
마음을 세우고
늘 내 안에서 시들 새도 없이
다시 피는 할미꽃

---

* 2021년 3월 21일 [경기 남양주시 진건오남로 537-1]

# 미래

내가 못 보는 미래를 보며
거꾸로 서서 마음을 털고 있다
우리도 마음 뒤집어
한 번쯤 툭 던져도 좋으리

* 2017년 10월 5일 [전북 임실군 운암면 입석리 산68-1]

## 꽃비

병아리 같은 따뜻한 바람이 불더니
가슴에 꽃비가 내립니다
함께 만나고 함께 보듬어
행복을 찾아 반짝이는 남매

---
* 2022년 8월 7일 [제주시 구좌읍, 소노벨]

## 사랑하며 강해지네

몸 깊은 곳에 금가는 소리
두 동강 난 몸을 잇대고
억겁을 씹어 삼켜 혓바닥이 버썩거려도
사랑하며 강해지네

---

* 2022년 9월 10일 [전북 무주군, 덕유산]

2부
## 울컥 보고 싶은 날

그 사람이 좋은 사람인지 알려면
내가 먼저 좋은 사람이 되어야
알 수 있다

# 이음

두 개의 지주가 동, 서의 길을 잇듯
눈부신 배와 농게의 재잘거림을 잇듯
자연과 사람을 잇는 영광의 햇살

---

* 2023년 9월 30일 [전남 영광군, 영광대교]
* 2023 제3회 청정영광 디카시 공모전 장려상

# 곡哭

부모 마음에 하루에도
수십 번씩 파도가 친다
만나고 싶어도 돌아올 곳 없는
소년과 소녀의 곡哭소리가
목어처럼 해저를 걸으며 녹슨다

---

\* 2017년 10월 5일 [전남 목포시 달동, 신항만]

## 길의 시간

벌어진 암흑 사이에 끼어있는
투명하게 갈라진 시간은
희로애락의
길이 되어 갑니다

* 2022년 9월 9일 [경기도 화성시, 제부도]

# 별 한 톨

구름 가득한 날
죽기 전 누군가의 배를 하얗게 불려주고
별 한 톨 찾는 집게

---

* 2021년 6월 3일 [경북 영덕군 강구면, 해파랑 공원]

## 별이 전하는 말

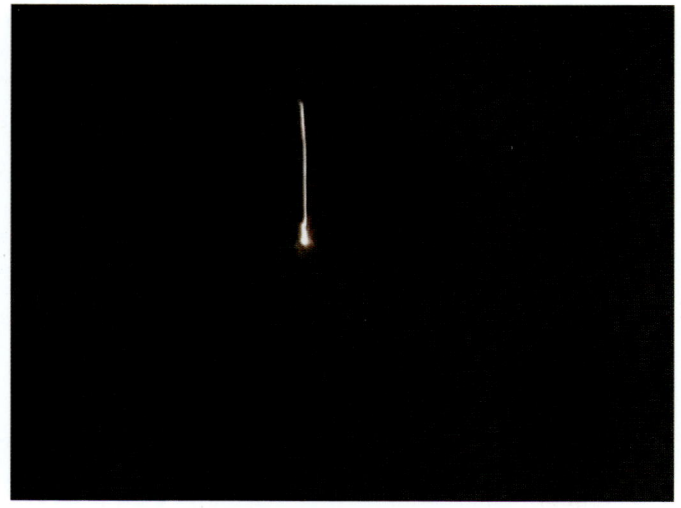

별똥별이
꽃송이처럼 떨어지며 하는 말
우리네 인생은 로또처럼
한방이 아니라

한순간이야

---
\* 2020년 9월 22일 [남양주시 진접읍 경복대로 바람골]

# 좋은 사람

좋은 사람은
좋은 사람에게 이끌린다
그 사람이 좋은 사람인지 알려면
내가 먼저 좋은 사람이 되어야
알 수 있다

* 2023년 7월 7일 [강원도 양양군, 오산 해수욕장]

## 피었다 져도 꽃이랍니다

피었다 지는
당신이 보고 싶어
노랑 손수건을 흔들면
언제나 따라오는
그림자 하나

* 2022년 8월 4일 [제주 구좌읍, 월정리 해안도로]

## 제주 표선에서

누군가 그리워
불러 보고 싶은 푸르른 날
살다 보면 가슴 서걱거려
울컥 보고 싶은 날

---

* 2024년 5월 6일 [제주 서귀포시 표선면, 소노캄]

## 노을에 관한 명상

지난봄에
날아간 불씨가 살아 나
하늘이 타는구나!

붉은 노을에
고단한 속세 태우리

---
* 2020년 9월 6일 [강원도 동해시 묵호동 13-18]

## 숨 쉬는 방법

바다에 원망을 퍼부었다
당신도 싫고 나도 싫고
세상이 싫어 숨 쉴 수가 없다

등대가 숨 쉬는 방법을 알려 주었다
"철썩 까르르 철썩 까르르"

---
* 2024년 4월14일 [강원도 양양군, 낙산해변]

## 액자 속 연인

흥분한 햇살이
네모진 창에 꽉 차고
키스의 시간과 속옷의 감정은
아무도 모른다고 하였다

---

* 2022년 8월 3일 [제주시 조천읍, 에코랜드]

# 비움

물방울을 보듬고 일렁이다가
무게가 버거울 땐 슬며시
내려놓는구나

나는 언제쯤 비울 수 있을까?

---
* 2022년 8월 8일 [남양주시 진접읍, 봉선사]

# 구두

생채기에 묵상默想을 꽂고
나를 끌고 다니느라
무게가 깊어진 사랑이
가냘프면서도 붉다

---

* 2022년 8월 3일 [제주시 조천읍, 함덕 바다]

## 여름의 절정

다시 여름입니다
꽃도 하나의 돌담이지요
돌담도 하나의 꽃이지요
여름의 가장 깊고 뜨거운 곳에서
당신을 향한 사랑으로 피어났지요

---

\* 2022년 8월 4일 [제주시 구좌읍, 김녕 해안마을]

## 파도와 소녀

잘해 주려고
애쓰는 것이 아니라
파도가 마음 활짝 열고
소녀와 함께 노는 겁니다

* 2024년 4월 14일 [강원도 양양군, 낙산해변]

## 탑의 형식

은빛 고운 날
우주는 조금씩 부풀고
공기가 휘어질 듯
그대 펄럭이는 사연을 새긴
세상살이 눈물의 탑

* 2022년 9월 10일 [전북 무주군, 덕유산 향적봉]

### 너로 가득한 날

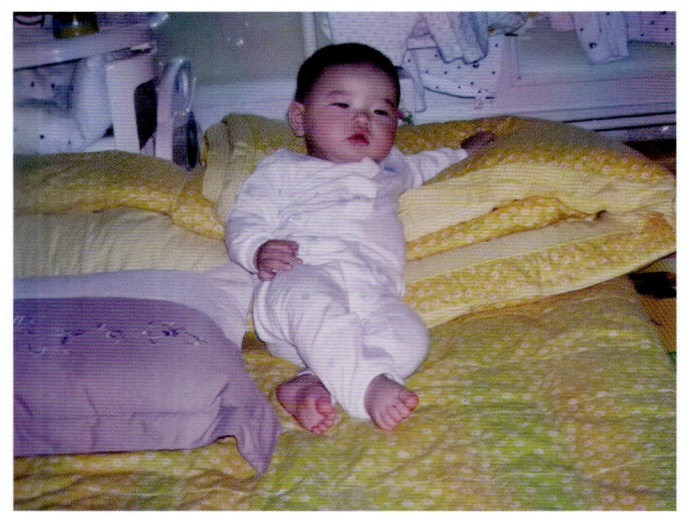

세상에서 제일 멋지고
소중한 우리 아들
개구장(쟁)이라도 좋다
튼튼하게만 자라다오

---
* 2009년 5월 20일 [남양주시 진접읍 경복대로바람골길 12-12]

## 꽃의 말씀

비밀스레 하양, 노랑 기억이 피고 진다지요

눈부시게 피어
기쁨으로 설레는 가슴
덧없이 진다고
슬퍼하지 말아요

---

* 2023년 10월 13일 [경기 의정부시 신곡동 141-1]

# 갯벌을 바라보며

이 세상 앞에서
미지의 저 농게들과 싸워
이길 자신이 없다

* 2022년 9월 11일 [전북 부안군, 줄포만 갯벌]

## 중심

날개를 접으며 알았다

중심에 뼈대가 있어 흐르고
날아오르고
도착할 수 있었구나

---
* 2022년 7월 29일 [경기 양평군, 양수리]

## 주거침입

세속을 벗어난 갯벌
삽으로 하나씩 열어 본 구멍에
햇살과 돌이 벽을 세운다

---

* 2022년 9월 9일 [경기 화성시, 제부도 갯벌]

## 네가 있던 자리

양이의 눈동자는
빛의 껍질을 벗겨낸 말랑한 과일
양이의 요염함은 오래된 풍습
수염 끝에 앉은 햇살은 암벽

---
\* 2022년 8월 2일 [제주도 서귀포시 안덕면 창천리 12번지]

# 고래사냥

바다의 유리창이 깨진 자리에서
좋은 일도 나쁜 일도 있었다며
울고 웃는 고래 한 마리

* 2022년 8월 3일 [제주 조천읍, 함덕 바다]

# 1966

아가, 네 마음의 뜰에 꽃을 심어줄게
작으면 작은 꽃으로
곁에서 웃어주는
너의 눈동자는 따뜻하다

---

\* 1966년 6월 [구리시 교문동 541번지]

# 여름 일기

수평선에 물든
짚푸른 여름 하나 입에 물고
오늘 만큼은 감싸고 끌어안고
기분 좋게 날자

* 2015년 8월 4일 [제주시 조천읍, 함덕 바다]

## 3부
## 바람 스치는 날갯짓 소리

해가 솟아 어여쁜 가을날
내 마음에 네가 도착해서
더욱 설레는 편지

## 소중한 한 표

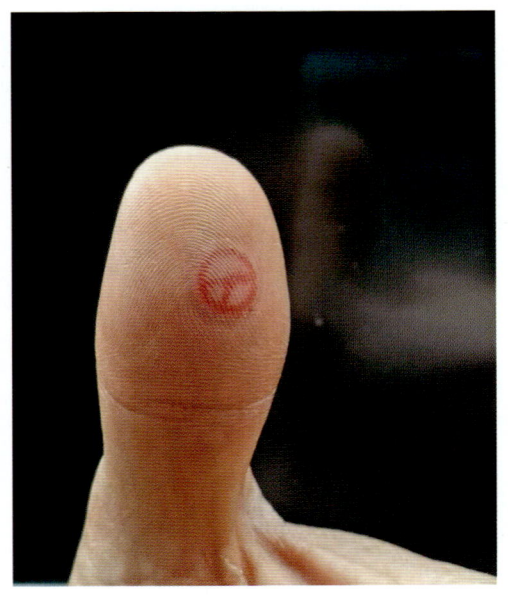

국민이 꿈꾸는 나라
아집보다 소통하는 국회
백성을 섬길 줄 아는 일꾼을 뽑는
내 소중한 한 표

---

* 2024년 4월 10일 [경기 남양주시 진접읍, 진접초등학교]
* 2024 [인천광역시 선거관리 위원회] 제13회 유권자의 날 기념 디카시 공모전 장려상

## 쉰이 넘으면

친구와 나선 여행
제주도의 푸른 별이 달로 변했네
창피가 대수냐

나도 한번 뛰어브자, 폴짝

---
* 2023년 11월 30일 [제주 조천읍 함덕리, 소노벨]

## 허공을 메꾸는 계획

아, 네가 왔구나
산 넘고 물 건너
지척에서 들리는 너의 발소리

하늘 배꼽 언저리를 돌면서
바람 스치는 날갯짓 소리

---

\* 2023년 9월 21일 [경기도 양평군, 두물머리]

# 통通

물속 꽃송이의 눈꺼풀을 깨우려고
수면 위에 내려앉는 햇살
수련이 초록·빨강·하양의 눈부심으로
가득 차 서로 통通하고 있다

* 2023년 9월 30일 [충남 부여군, 궁남지]

## 동행

저들이 행렬을 이루는 것은
길을 몰라서가 아니다
함께 했던 고단한 시간을
어깨에 모으고 떠받쳐
꽃으로 피어나는 행렬

---
* 2022년 10월 1일 [전남 진도군, 진도대교]

# 창 너머 집

빈터에 입 하나로 집을 짓는다
햇살과 바람이 묻은 껍질로 쌓은 집
얼마나, 견고한가

---

* 2021년 10월 1일 [경남 밀양시 신내면 남뎡리 95-2]

## 우체통 옆에서

허공에 꽃이 피었다
해가 솟아 어여쁜 가을날
내 마음에 네가 도착해서
더욱 설레는 편지

---
* 2021년 10월 20일 [남양주시 진접읍 바람골길 12-12]

## 썰물이 물러날 때마다

은빛 조각들 사이에서
주먹을 불끈 쥐고
기울 운 배를 떠받친 농게

텅 빈 시간은 섬사람들이
삶을 들어 올리는 민생의 곳

---
* 2022년 10월 8일 [전남 무안군 운남면, 도이도 선착장]

## 홀씨

하루를 위하여 피는 꽃
천년을 위하여 떠나는 꽃

* 2023년 9월 29일 [충남 부여군 부여읍, 정림사지]

## 심장

태양이 반짝이는
그 맑은 자유를 위해 필요한 것은
금빛 은빛으로
펄럭이는 날개가 아니라
펄떡이는 심장

---

* 2021년 9월 29일 [전남 진도군, 쏠비치]

# 북두칠성

참으로 두려웠다
육신 없는 마음으로 하늘을 보며
북두칠성이 무거워
일어날 수 없는 고독한 숨소리

---

* 2023년 9월 19일 [경기 양평군, 두물머리 느티나무 아래]

## 오늘이라는 좋은 날에

겨울 앞에서
끝끝내 감춘 눈물
미련 없이 떨어지는 잎새에
손 한번 흔들어주지 못했다

* 2023년 10월 25일 [남양주시 진접읍, 봉선사 연못 카페]

# 넋

폭풍이 몰아친 넋의 고요
살아서 이미 겪어낸 일이므로
무서워 떠는 모습을 찾아볼 수 없다
이까짓, 위험쯤이야

---

* 2017년 10월 7일 [전남 담양군 담양읍 향교리 33번지]

# 침투

흰 파동은 나를
어디론가 데려가려 하고
나는 떠오르는 기포가 되어
숨을 버리고 공기 위로 흩어진다

---

\* 2020년 10월 1?일 [강원도 양양군 서면 약수길 25번지]

# 그대 아름다운 날에

파도 위에 앉아도 가난 하지 않다
가진 게 아무것도 없어도
가족의 꿈을 낚을 팽팽한
거미줄 같은 그물에 희망이 핀다

* 2024년 4월 14일 [강원도 강릉시, 주문진 어촌마을]

# 돌 안의 낙타

돌 안의
거친 낙타 숨소리가
발목까지 잠기는 사막

낙타는 눈을 감아도
꽃 속의 사막은 잠들지 않는다

---

* 2022년 8월 13일 [남양주시 진접읍, 달빛새 카페]

## 파랑 하늘

할머니가 파랑 하늘을 그렸다
내가 하늘만큼 보고 싶었나 보다
할머니 저, 여기 있어요
보고 싶어 하시는 할머니를 위해
언제나 이 자리에서 기다릴게요

* 2023년 9월 8일 [남양주시, 물의정원/ 아들, 손태훈 지음]

## 꽃의 문서

꽃은 가장 오래된 문서
바람도 햇살도 몸에 새기고
물의 흐름도 새긴다
아무런 치중이 나가지 않을 때까지

---
* 2023년 4월 3일 [전남 곡성군 죽곡면 대황강로 1071]

# 암각화

육천 년 전
풀꽃을 펼쳐 계절의 사연을
따뜻한 바위에 그린
선사인 숨의 기록

---

* 2023년 11월 4일 [강원도 철원군, 한탄강 주상절리]

## 연인

둘은 자세만으로도
연인이 되므로
둘은 그 안에 있어도 없어도
사랑으로 반짝인다

---
* 2020년 9월 11일 [경기도 남양주시 진접읍, 바람골]

## 하늘에서는

인생은 오르는 것
하늘에서는 삶이 힘들지 않다
슬플 땐 빠르게 기쁠 땐 노래하듯이
사랑은 뜨겁게

---

\* 2024년 6월 8일 [제주시 도두일동, 무지개 해안도로]

## 고행

아기의 울음소리
가슴에서 질척이고
조용히 아기와 천년을 구른다
달팽이는 어디쯤 가고 있을까?

* 2020년 9월 5일 [강원 횡성군 갑천면 중금리 79-2]

## 향적봉의 아침

수천 겹 산에서 뿜어내는 하얀 실
산등성이에서 방점을 찍는다
첫걸음 힘겨움에
억겁의 세월을 본다

---

* 2022년 9월 10일 [전북 무주군, 덕유산 향적봉]

## 그대 아시는지

단 하루도
잊은 적이 없다
소년이 왔을 때 실망할까
400년 동안 그 자리다

그리움에 눈물 흘리며

---

* 2022년 7월 29일 [경기 남양주시, 양평 두물머리]

## 계곡에서 너를 보았어

돌아갈 곳 없는
묵화의 쏘가리가 바위 밖으로
벗어나려는 찰나
낙관을 찍는다

---
\* 2022년 8월 27일 [경기 남양주시 수동면 입석리 107번지]

4부
# 마음 다시 추수린다

상큼해진 아침 공기에
깊은숨을 내쉬고 또 삼키고
꽃잎은 새가 된다

# 귀

장독대에 물 떠 놓고
천지신명께 기도드린 지 십팔 년째
강진으로 유배 떠난
정약용 소식을 엿듣는 홍혜완의 귀

* 2023년 9월 8일 [경기도 남양주시 조안면, 정약용 유적지]
* 2023 남양주 디카詩 신인문학상 공모전 우수상

# 따라비 오름에 가면

달빛이 면도날처럼 베어도
나무는 알록달록 실패를 엮은
덩굴의 생명을 품는다

---

\* 2022년 11월 10일 [제주시 표선면 가시리, 따라비 오름]

# 물속의 섬

햇빛 몸에 두르고
각진 성정 다스리며
길게 고른 숨소리 사이로
천천히 밀어내는 섬의 속살

---

* 2022년 10월 2일 [전남 해남군 상이면 관광레조로 1707]

## 나비와 꽃 사이

햇살은 아직도 한가롭지만
세상살이가 내 마음 같지 않다
내 한 번뿐인 인생
꽃바람에 흐트러진
마음 다시 추스린다

* 2017년 5월 9일 [경기 여주시, 웰빙 캠핑장]

# 탯줄

햇살이 아프도록
마음이 커 넉넉한 내 집

별처럼 고운 마음으로
조용히 기도하는 모습으로
하늘에서 오신 나의 탯줄

---

* 2021년 9월 5일 [경기 남양주시 진접읍 경복대로 바람골]

# 내 삶의 주름

내 얼굴의 주름 골짜기
내가 살아온 삶의 행로는
표피처럼 아름답게
희로애락의 얼굴로 새겨요

* 2021년 8월 6일 [제주시 조천읍 교래리, 샤려니숲]

# 향기

들꽃같이 다소곳해도
말하기보다 향기를 좋아하는 한라봉
동백꽃 영혼의 은은한 향기는
햇살과 바람의 사촌

---

* 2022년 6월 16일 [제주 표선읍, 순이네 농장]

## 천사

그 어떤 어둠 속에서도
드넓은 은하수의 무수한 뭇별 가운데
천사의 하얀 날개가
반짝인다

* 2022년 7월 5일 [경기 남양주시, 오남 생활 체육공원]

# 봄의 비밀

꽃망울 주위에 봄빛이 깔리고
바람과 햇살에
할 말이 많은 듯한
봄의 비밀을
죽기 전에 곰곰이 느껴보세

* 2024년 3월 15일 [경기 남양주시 조안면 능내리 93-2]

# 낮술

친구야 나 찾지 마라
낮술 깨면 전화할게

---
* 2022년 9월 25일 [경기 이천시 백사면, 산수유 마을]

## 물에 길을 묻다

물에 길을 묻다
물속을 들여다보면
구름과 별과 달은 엄마 생각에
온밤을 울며 지샌다

---

\* 2023년 9월 30일 [충남 부여군, 궁남지 포룡정]

## 달의 몰락

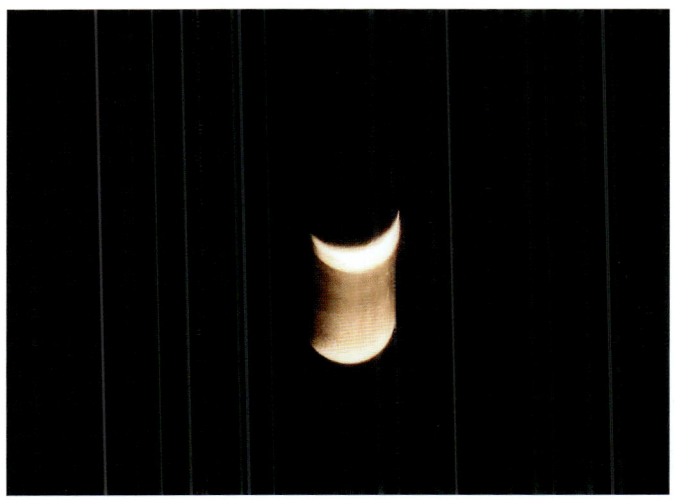

온다 온다 하면서 못 오고
간다 간다 하면서 못 가더니
어둠에 젖은 달의 몰락

* 2022년 4월 1일 [강원도 삼척 수로부인길 453]

# 바다에 물드는 날

누구랄 것도 없이
수평선 촛불에 녹아 흘러내리지만
좋은 사람을 보면 좋은 사람을 닮고
바다를 보면 바다를 닮는다

---

* 2022년 4월 2일 [강원도 삼척시 교동, 작은후진해변]

# 빈집

허기를 담은 집은 시끄러워
속이 잘 보이지 않는다
어스름한 저녁 손님을 거부하는
도깨비만이 웃는다

---

* 2021년 9월 15일 [서울특별시 상계동 당고개]

## 너에게 가려고

햇살과 바다가 지나가듯이
노를 저으면 근심도 미움도 지나가는 것
너에게 가려고
출렁이는 파도가 노를 젓는다

---

\* 2022년 8월 6일 [제주 서귀포시 표선면, 표선해수욕장]

# 오이별

이슬로 핀 오이꽃
가시 범벅인 오이를 달고
비와 햇살에도 지지지 않는
투명한 별

---

* 2024년 6월 3일 [강원도 철원군 갈말읍, 명성산 인근]

## 물 윗길

올곧게 뻗은 길보다
출렁이는 물 윗길이 더 좋다
산 따라 물 따라
흔들리며 나를 찾는다

---
* 2023년 11월 4일 [강원도 철원군, 한탄강 물 윗길]

# 그는 어디 가고 없다

한 자세로 녹이 슬었으므로
면벽한 자세만 바위에 남기고
그는 어디 가고 없다

---

* 2023년 7월 2일 [충남 공주시 반포면, 계룡산]

# 숨비소리

출렁이는 숨비소리 하나
빛나는 마침표 하나 숨비소리
이것만이 섬의 희망이다

* 2024년 8월 8일 [제주 구좌읍 동북면, 해안마을]

# 뿌리

슬픔을 견뎠을 때
시련을 견뎠을 때
이별을 견뎠을 때
생명의 뿌리는 길어진다

* 2023년 9월 16일 [강원도 양양군, 물치해수욕장]

# 축복

빛은 어디서 오는가
물은 어디서 오는가
어머니의 탯줄 같은 물
아버지의 탯줄 같은 빛은
자랑스럽고 아름다운 동화고 8회의 축복

---

* 2023년 11월 4일 [강원도 철원군, 한탄강 주상절리]

# 친구

친구는 내가 선택한 이유에
귀를 기울여 응원하고 지지한다
혹여, 내 선택의 결과가 좋지 않아도
핀잔주지 않으며
그다음 도전에 박수를 보낸다

* 2023년 5월 1일 [제주시 한림읍, 비양도]

## 꽃바구니

아직은 이쁘기만 한 너를
지치도록 바라보고 싶다
상큼해진 아침 공기에
깊은숨을 내쉬고 또 삼키고
꽃잎은 새가 된다

---

\* 2019년 2월 6일 [제주 구좌읍, 비자림숲]

## 설야

병상에 누워 바라본 직박구리

인간사 누구나 죽는 자리
요양원이 아닌 집에서
작은 봉분이 되어 울고 싶은 어머니

죄송합니다

---
* 2022년 12월 23일 [남양주시 진접읍 경복대로카람골길 12-12]

# 고석정

길을 가다가 몸을 돌린 채
바람을 맞고 있는 임꺽정
머리는 별에
가슴은 물소리에 가벼워진다

---

* 2023년 11월 4일 [강원도 철원군, 고석정]

5부
## 봄의 이마에 화사한 웃음

동박새는 알아요
고여 있는 눈물방울마다
새 꽃이 피어날 것을

# UFO

어! UFO다
엄마, 저 UFO 타면 친구 만날 수 있어요?
외계인 친구가 보고 싶어서요

그럼, 뛰어가서 빨리 타

---
* 2023년 9월 15일 [전남 나주시, 나주 빛가람 전망대]
* 2023 제1회 지구촌 나주 디카시 공모전 입선

## 알뿌리 터지다

태양이
어둠을 빠져나와
봄의 이마에 화사한 웃음을
낙점하고 확대한다

---

* 2020년 5월 28일 [남양주시 진접읍 경복대로타람골길 12-12]

# 산다는 건

항상 높이 올라 야하니
힘들어도 말 못 한 적이 많지
네가 돋보이는 것은
성공했기 때문이 아니라
떨어져도 다시 일어날 수 있어서야

---
* 2023년 12월 30일 [전남 부안군 행안면 신기리 226-17]

# 휴거

부富를 꿈꾸고
평생 권력을 잡고 싶은 이는
산방산으로 오라

평생 로또 당첨의 기회와
고관으로 살게 하리니

---

* 2022년 11월 10일 [제주 서귀포시 안덕면, 산방산]

# 도전

수평이 아닌
수직의 관계로 피는 꽃
떠받치고 밀어 올리는
도전의 삶

* 2023년 9월 29일 [충남 공주시, 금성동 생태공원]

## 경쟁 상대

그거 알아?

추월당해 자리를 뺏겨
속상하고 힘들어도
울지간 않는다면
너는 성공한거야

---
* 2018년 4월 28일 [경기도 이천시 진리동, 수변공원]

# 1일

내 몸이
민들레 홀씨처럼 백발이 되어
스스로
돌아눕지 못할 날이 가까워져도

오늘부터 1일

---

\* 2023년 9월 29일 [강원도 홍천군 두촌면 가리산길 426]

# 그리운 당신

맑고 아름다운 하늘을 받들어
물빛이 펴지면
뿌리가 그녀와의 거리를 재며
눈물을 띄운다

---

* 2018년 8월 19일 [포천시 신북면, 나남 수목원]

## 꽃길

연어의 꿈은
오후의 길을 밝히는 꽃길과
별이 춤추는 우주에 있었네

---
* 2018년 10월 20일 [강원도 양양군, 남대천 생태공원]

# 약속

내게만 그리움을 주고
내 눈 속에만 담고 싶은 당신
날 볼 수는 없어도 어디선가
날 기다려 줄 수 있는
사람과의 약속

---

* 2021년 9월 21일 [강원도, 삼척 쏠비치]

# 꽃떡

지금도 그리운 꽃떡
막내가 보고 싶어
떡을 이고 진해까지 오신 어머니 아버지
이제는 꿀떡을 이고 내가 하늘로 가야지

---

* 2017년 9월 25일 [충북 청주시, 청원생명축제]

## 시월의 고양이

연꽃 속에 갇혔던 고양이가
어둠의 사슬을 풀고
두 손을 모으고 고개 조아려
지혜를 경청한다

* 2022년 10월 12일 [경기 남양주시, 봉선사 연못]

# 징과 곰방대

제대로 소리 한 번 내지 못하고
매달린 채 녹이 슨다
곰방대야 나 좀 실컷 패줄래
피멍이 지워지지 않도록

* 2022년 9월 20일 [강원도 춘천시 남산면, 강촌]

## 세시의 데이트

구름 따라 살다가
빛나는 가슴 하얗게 드러내 놓은
그대 가슴에 기대어
고운 입술 훔치고 싶다

---
\* 2024년 6월 6일 [경기 남양주시 조안면, 고당 카페]

# 달 하나 물은 거미

달처럼 구멍 난 삶이 아니면
세상살이가 아니다
정점으로 퍼진 거미줄에
밤새 내리는 이슬이 빛나
달빛이 풍성하겠지요

---

* 2023년 10월 21일 [남양주시, 정약용 부인 홍혜완의 묘]

### 물 한 모금

울었다
보고 싶은 사랑 때문이 아니라
물 먹고 싶어서 그랬을 뿐
내 생은 이슬 같은 것

* 2024년 6월 20일 [강원도 춘천시, 김유정 문학관]

## 나는 이제부터

오늘은 여름이 오는 날
어린아이처럼 살아야지
시간이 많지 않아 그러니까
무엇보다 아름답게 살아야지

* 2024년 6월 23일 [남양주시 오남읍, 오남체육근린공원 앞]

# 망둥이

설렘 가득 마음에 담아
오대양을 향해
행진하는 망둥이 떼

* 2022년 8월 3일 [제주시 구좌읍, 함덕 바다]

## 꽃피는 날

빨강 초록 노랑 파랑 우산에
그리움의 비가 세차게 쏟아져도
너는 안으로 바깥으로
꽃을 활짝, 피우는구나

---

* 2023년 4월 23일 [강원도 춘천시, 김유정역 레일바이크]

# 해우소

한끝이 접혔다가 다시 펼쳐진다
금박이 바닥으로 떨어지는
받아 적을 수 없는 소리

---
* 2023년 8월 24일 [경기 의정부역, 근린공원 화장실]

## 핏물

햇살이 은사처럼 감겨있는 나무가
거친 호흡으로 고통의 신음을 낼 때
핏물을 가둔 철사를
풀어야만 아무는 상처

* 2022년 8월 13일 [포천시 신북면 기지리 277]

# 꿈

밤에는 꿈을 꾸고
아침에는 꿈을 이루려고
하늘을 향해 나간다
열심히 살아온 세상이 아니라
내가 나를 살게 한 것이다

* 2023년 9월 29일 [충남 공주시, 공산성]

# 눈물 속에 피는 꽃

동박새는 알아요
고여 있는 눈물방울마다
새 꽃이 피어날 것을
그리고 그 꽃잎 위에
나비가 찾아온다는 것도

---

\* 2023년 11월 30일 [제주 서귀포시 표선면, 민속촌]

# 틈의 미학

틈은 밤하늘의
부피와 넓이와
깊이만큼 산다

---

* 2017년 9월 25일 [제주 서귀포시, 허브 동산]

## 좋은 날

마당에 허공만 서성거린다
돌담 아래 씨앗이 툭툭 터지고
햇살이 기왓장을 와장창 깨뜨릴 때도
시침은 '좋은 날'

---
* 2022년 9월 10일 [경남 거창군, 한옥마을]

‖ 시인의 말 ‖

　여행 시詩社은 우주의 끌림이다. 나는 여행으로부터 위안을 받는다. 햇살과 무지개가 그렇다. 청명한 바다에 솟은 무지개는 나의 오감과 상상력을 자극하기에 손색이 없다. 디카시詩는 신선하고 기분 좋은 풀잎 바람이 부는 5월의 설렘 같은 것이다. 그 설렘으로 인해 처음과 끝 사이에 아직 오지 않은 어느 시간에 속할 어린 고요가 보일 듯 말 듯 옅게 묻어 있다. 만물의 더듬이와 낯설고 낯익은 형상은 나의 삶에 한결 깊어진 삼라만상의 시각이다. 사진은 기억 창고의 문을 여는 열쇠가 되어주기도 한다. 삶이 복잡해질 때 좋은 기억들만이 켜켜이 쌓인, 하늘, 달, 별, 나무, 햇살, 바람의 피사체 안에 말과 풍경을 찾으러 나는 또 여행을 떠난다.